神奇校车

穿越飓风

文：乔安娜·柯尔 [美]　　图：布鲁斯·迪根 [美]

四川出版集团
四川少年儿童出版社

版权合同登记号

图进字：21-2005-028

图书在版编目（CIP）数据

穿越飓风／（美）柯尔著；（美）迪根绘；谢徽译.

成都：四川少年儿童出版社，2005（2008.7 重印）

（神奇校车）

ISBN 978-7-5365-3462-9

Ⅰ.穿… Ⅱ.①柯… ②迪… ③谢… Ⅲ.台风－儿

童读物 Ⅳ.P444-49

中国版本图书馆CIP 数据核字（2005）第044221号

神奇校车——穿越飓风

文：乔安娜·柯尔(美)　图：布鲁斯·迪根(美)　译：谢徽

Shenqi Xiaoche——Chuanyue Jufeng

策　　划：颜小鹏

责任编辑：李奇峰　漆仰平

封面设计：周筱刚

装帧设计：曹雨锋

责任校对：熊向全

责任印制：王　春

出　　版：四川出版集团　四川少年儿童出版社

网　　址：www.sccph.com　　　　www.chinesebook.com.cn

地　　址：四川成都槐树街2号　　邮政编码：610031

电　　话：028-86259237（发行部）　028-86259192（总编室）

经　　销：全国新华书店　　　　印　　刷：四川省印刷制版中心有限公司

成品尺寸：210mm×250mm　　　印　张：3

版　　次：2005年5月第1版　　　印　次：2008年7月第10次印刷

印　　数：76 001～91 000册

书　　号：ISBN 978-7-5365-3462-9

定　　价：10.00元

穿 越 飓 风

形成于热带海洋上的台风（在大西洋上称为飓风）是一个巨大的大气涡旋，它带来的狂风暴雨往往给沿海地区人民的生命财产带来严重的损失。不过对有些地区来说，台风雨又是不可缺少的水资源。

在东南沿海的小镇度过童年的我，每年夏季都要经受台风的"洗礼"。留下最深刻记忆的是，有一年夏天，一场强台风掀翻了邻居的小瓦房，夺去了两个小伙伴的生命。正是抱着对台风这个巨型怪物的兴趣，我开始了对气象的学习和研究。今天，气象学家在地球上不同地方建立了千万个气象站，用各种各样的仪表来测量空气的温度、空气中水蒸气的含量、降雨和降雪量、风向和风速、云量和云的高度等等；利用气球、飞机、火箭等各种各样的探测工具测量整个大气层的变化，特别是气象卫星，它可以提供瞬息变化的地球上空整个云系的生动图片，几乎没有一个台风可以逃脱它的监视。利用运行速度快、储存量大的计算机，气象学家可以处理分析许许多多的观测数据，用数学方法来模拟台风的运动和变化，并且预报台风在什么时候、什么地点登陆，沿途有多大的风和雨。气象学家还发现，每年夏季台风移动的路径、登陆的次数都不一样，每次台风带来的风和雨的强度也不一样，因此要正确地预报台风还有许多困难。地球气候变暖是否可以改变台风发生的次数，台风的强度，甚至台风的路径呢？地球大气还有许许多多的奥秘等待着我们去探索。

中国科学院院士
中国科学院大气物理研究所研究员

神奇校车

开进中国了!

请搭上神奇校车,跟着神奇的弗瑞丝小姐及其精怪顽皮的学生,历经一场又一场天翻地覆、惊心动魄又刺激精彩的自然科学大探索……

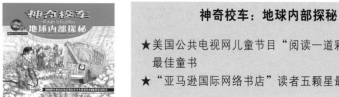

神奇校车:地球内部探秘

★美国公共电视网儿童节目"阅读一道彩虹"精选最佳童书

★"亚马逊国际网络书店"读者五颗星最佳评价

弗瑞丝小姐要求大家带石头到学校来,可许多同学都忘了。去野外旅行的时机到了!每个人都抓把铲子或电动钻路机开始向下挖。神奇校车钻穿地壳,进到地球中心,又从火山冒出来。从来没有这样采集岩石标本的。下一次,也许同学们就会乖乖地做家庭作业了!跟着最另类的地球科学老师,来趟前所未有的惊奇之旅,直攻地球科学的核心!

神奇校车:在人体中游览

★本书荣获ⅠRP教师精选最佳童书

★ＡＢＣ最佳童书

★号角出版社书迷最佳童书首选

★纽泽西州年度童书首选

弗瑞丝小姐和她班上的学生正坐在神奇校车上要前往博物馆。但就在他们停下来吃午餐时,灾难发生了。校车不但缩得很小,还掉入一包"奶酪饼"中,整班学生便连人带车被吞了下去!这下子,弗瑞丝小姐的学生只有从人体内观看人体的一切。他们首先穿越胃、小肠,进入血液;接着又去向心脏、肺和大脑。他们要如何才能离开人体呢?请关紧车窗,扣好安全带,一段让你心跳加速的旅行就要开始了!

神奇校车:漫游电世界

★获"亚马逊国际网络书店"读者五星最佳评价

弗瑞丝小姐和班里学生坐着神奇校车全部都缩小到可以钻进一条电线里,展开了一场"电的冒险之旅"。他们先到发电厂,仔细地参观电是怎么被"发"和"传"出来的;接着混入图书馆的灯泡中,看它如何发亮;再到餐厅的烤面包机里,看它是怎么烤面包的;然后钻到菲比家的电器里,去看电锯怎样锯东西、吸尘器怎么吃灰尘、电视怎么产生影像和声音……最后,再从学校的插座里冒出来,回到教室。

神奇校车:水的故事

★本书荣获美国"波士顿环球报——号角出版社"为非小说类最有价值童书

★"亚马逊国际网络书店"读者五颗星最佳评价

当弗瑞丝小姐宣布这次的校外教学要去自来水厂时,谁也没料到,这趟"水的旅行",竟然会那么惊险刺激!神奇校车一飞冲天,停在一朵白云上,全班学生顿时都变成了大大小小的雨滴,先跌落到山中的小溪里,流浪到水库,又潜进了自来水厂,洗澡、消毒一番后,泡在配水塔里,然后再钻进输水管,一路游到学校的女生厕所,哗啦啦——哗啦啦—— 嘿!全班一起从洗手台的水龙头里喷射出来……

神奇校车：海底探险

★ "全美书商联盟"精选最佳童书
★ 美国《教育杂志》非小说类神奇阅读奖

神奇校车：奇妙的蜂巢

★ 纽泽西州年度童书首选
★ "全美书商联盟"精选最佳童书

在弗瑞丝小姐的带领下，神奇校车载着同学们，直接驶入海洋。过程惊险刺激，同学们可以下海去欣赏这些五彩缤纷、形形色色的海洋生物！神奇校车先是驶过沙滩的"沙岸潮间带"，再进入"岩岸潮间带"，接着登上"大陆架的浅海域"，又沿着大陆斜坡往下驶入黑暗无光的"深海生态系"，最后在上升返航途中造访最美丽的"珊瑚礁生态系"。他们认识了各类不同的海洋生态系，了解了许多课本上没有的海洋知识。

在这一次旅程中，神奇的校车变成了一辆蜂巢巴士，而弗瑞丝小姐和她的学生们则变成了小蜜蜂。他们一定要想办法混进蜂巢内，才能获得关于蜜蜂群体生活的第一手资料。书中将现实、幻想、冒险和幽默融合在一起，带领读者探索蜜蜂的生活，去发现它们是如何寻找食物、建筑巢室、制造蜂蜜和蜂蜡，了解它们照顾后代的方法。昆虫的生活原来是如此复杂多变、神奇美丽。

神奇校车：迷失在太阳系

★ 本书被美国《学校图书馆学刊》评选为年度童书首选
★ "全美书商联盟"精选最佳童书
★ "亚马逊国际网络书店"读者五颗星最佳评价

神奇校车：追寻恐龙

★ "全美书商联盟"精选最佳童书
★ "亚马逊国际网络书店"读者五颗星最佳评价

弗瑞丝小姐班上的学生个个兴高采烈，因为他们要去参观天文馆。谁知竟然休馆！幸好，神奇的老师有办法挽救这一切。校车变成了一艘太空船，直接穿越了大气层，载着弗瑞丝小姐和班上的同学冲向月球和更远的外太空！对弗瑞丝小姐来说，这虽然只是踩上油门踏板的一小步，对神奇校车迷来说，却是扩大想像力的一大步——跟随着神奇校车飞入太空，展开前所未有、最棒的太阳系探索之旅！

弗瑞丝小姐要带她的学生去挖掘恐龙，看一看慈母龙的巢穴。但当同学们一到了化石的国度，校车竟化身为时光机器，送他们回到遥远的史前时代——恐龙仍在地球上悠游逍遥的时代。他们认识了各式各样超强的恐龙，还有它们的各种特性、本领，并探讨恐龙灭绝的原因；跟着最神奇的老师走一趟三叠纪、侏罗纪与白垩纪之旅，下载最新的恐龙资讯。快穿上你的迷彩装，这将是你不想错过的户外教学……

神奇校车：穿越飓风

★ "亚马逊国络网路书店"读者五颗星最佳评价

神奇校车：探访感觉器官

★ 本书荣获美国《教育杂志》非小说类神奇阅读奖

有一股飓风正在热带海洋上空狂吹……一个怪异的黄色物体被卷入飓风漩涡当中。那是一个热气球……那是一架飞机……那是神奇校车！弗瑞丝小姐班上的同学没有到气象观测站参观，而是亲身从陆、海、空彻底体验了飓风。读者可在这部最畅销、最新版本的科学读物中，学到空气的变化如何影响天气的知识。当你置身飓风之中，风、雨、雷、闪电将呈现新的面貌！

对弗瑞丝小姐班上的学生来说，幽默感当然最重要！但在他们最近一次的探险中，他们又学到了视、听、嗅、味、触和其他更多的感觉！当弗瑞丝小姐离开学校时，忘了一件重要的事，新来的校长助理先生冲上神奇校车要去追她，整班的学生也一窝蜂跟上。就在一天将尽之前，他们一路跟踪弗瑞丝小姐，畅游了人的眼睛、耳朵、舌头，甚至跑到一只狗的鼻子里玩儿过。

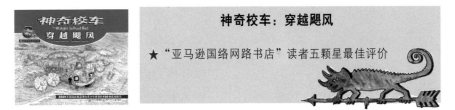

你可听说过我们的老师弗瑞丝小姐？

她胡乱穿衣服，她驾驶的校车也很古怪，她的活动课更奇怪。

在她的课堂上，不管我们想了解什么，我们都会以一种古怪的方式进到那里面去。

同学们，要了解天气，我们必须先了解太阳。

这是一个热门话题！

太阳使地球发热

我们的温度记录——多罗西和蒂姆		
	早晨	中午
星期一	18℃	23℃
星期二	22℃	27℃
星期三	21℃	24℃
星期四	23℃	28℃

问题：为什么地球下午的温度比较高？

答案：因为晒了大半天的太阳。

我们学习有关天气的知识，我们教室里的每一样东西绝对会与雨、雪、太阳和风有关。

我们班上的每个孩子都得做一份有关天气的报告。我们还要用弗瑞丝小姐的收音机听天气预报。

今天的数学

拼写单词

太阳　　　　风
雨　　　　　雪
小雨　　　雨夹雪
冰雹　　　飓风

别忘了带雨伞

在我以前读书的学校可没这些课程！

在我以前读书的学校，我们老师可不那样穿衣服。

现在播送天气预报……

我们的雪花片
——迈克尔和凯莎

简易天气预报

天气超人

冰雹　雨　雪　及其伙伴

天气超人历险记
天气超人遭遇暴风雪
天气超人巧遇冰雪超人

地球被一层大气毯子包裹
——蒂姆

地球 —— 大气层

我们的大气层就像一床有数百千米厚的空气毯子。
大多数天气变化发生在对流层——紧挨地球约13千米的地方。

有一天早晨，弗瑞丝小姐说："今天天气多好啊，正适合我们到气象站旅行。"我们都感到惊讶不已。

我们将和一组天气预报员见面。我们要了解大气层。

弗瑞丝小姐说我们得先了解空气才能理解天气。

我们还得了解水。

我可看不见空气。

空气是各种看不见的气体的混合物
——雪莉

大气层

英里高度

热 层
50 中间层
30 同温层
8 对流层
0 地 球

大多数天气变化发生在这里

空气有重量
——拉尔夫

一只装有空气的气球比一只没有空气的气球重。

空气含有水分
——汪达

1天 2天 3天

当水蒸发时，水分子就进入了空气里。

什么形成风？
——阿诺德

　　重的气团滚动和推动轻的气团。空气团移动就形成了风。有微风也有破坏性的大风。

　　不一会，我们就乘坐着旧校车出发走了。我们都在试着从收音机里听一些音乐，没注意到弗瑞丝小姐转动了仪表板上一个奇怪的转盘。车子就发生了变化。

孩子们，风就是运动的空气。

各位听众，风速正在加快。

这个收音机不放音乐。

它只谈论天气。

它在预测。

突然间，多罗西说："看！"

我们简直无法相信，我们换上了飞行服，坐在一个篮子里！

汽车已经变成了一只热气球，我们即将升空！

在我以前的学校，我们绝不会乘热气球上天。

听起来倒挺像我这种人的学校。

我们用这个气炉来加热气球中的空气。

热使空气膨胀

——莫 莉

热空气膨胀是因为热使气体分子互相远远地跳开。

1
气 球
空 气
室 温

空气膨胀进入气球

2
热水加热空气

使用烫水时，请大人帮帮你。

多罗西的两个知识点

当有东西膨胀时，它会四处扩散。

空气分子是最小的空气微粒。

一个气象名词
——多罗西

当水冷凝时，水蒸气分子聚集到一起形成一滴滴的液体水珠。

"暖空气从地面上升起，会带有许多水蒸气分子。"弗瑞丝小姐继续说，"当空气上升，它就会变冷。这样，空气中的水就冷凝成云。"

阿诺德，你带雨衣了吗？

告诉我，这不是真的……

在地面上，天气预报员站在雨中。

他们看不见云里面的我们，可我们却能听到他们的声音。

他们中的一个人说："我希望那个老师知道正在进行飓风监视。"

飓风是什么

——佛罗莉

飓风是最厉害的风暴。

刮飓风时，风围绕着中心形成一个圆圈，以高达118千米／小时以上的速度打着旋！

飓风的符号

多罗西的几个单词

飓风监视的意思是飓风会在36小时之内袭来。

飓风警报的意思是飓风会在24小时之内袭来。

警报比监视更紧急。

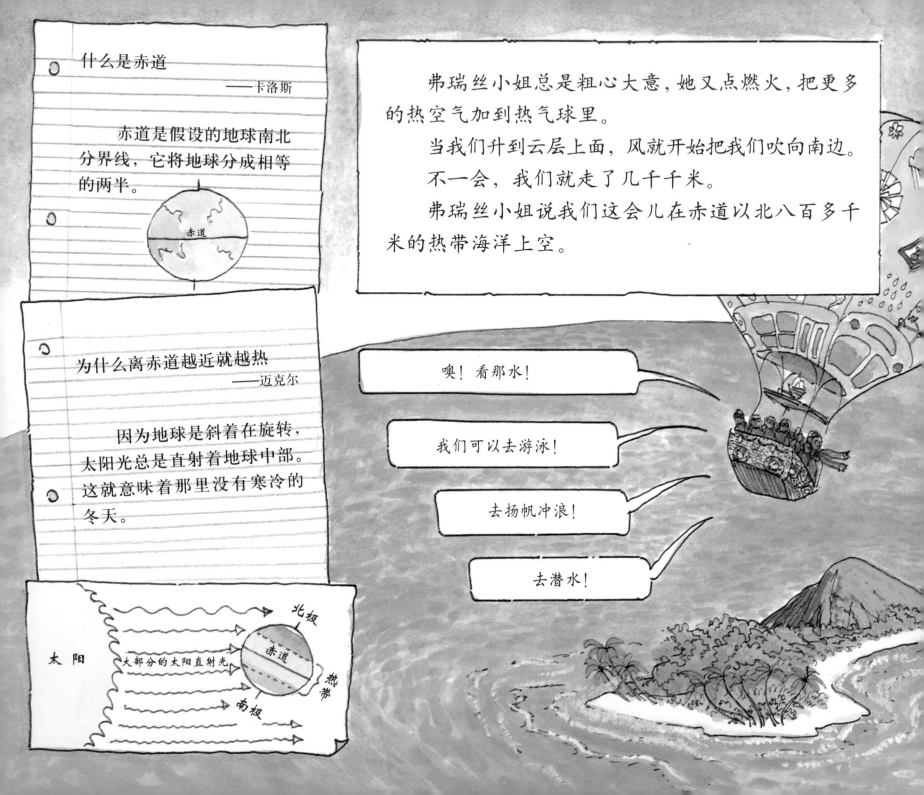

什么是赤道

——卡洛斯

赤道是假设的地球南北分界线，它将地球分成相等的两半。

赤道

为什么离赤道越近就越热

——迈克尔

因为地球是斜着在旋转，太阳光总是直射着地球中部。这就意味着那里没有寒冷的冬天。

太阳

大部分的太阳直射光

北极

赤道

热带

南极

弗瑞丝小姐总是粗心大意，她又点燃火，把更多的热空气加到热气球里。

当我们升到云层上面，风就开始把我们吹向南边。不一会，我们就走了几千千米。

弗瑞丝小姐说我们这会儿在赤道以北八百多千米的热带海洋上空。

噢！看那水！

我们可以去游泳！

去扬帆冲浪！

去潜水！

在我们下面，大海的波浪闪闪发光。沙滩小岛上，棕榈树随风摇曳。

它真像是我们的度假天堂。

但弗瑞丝小姐却说："同学们，我们现在到了世界上的一个飓风滋生地！"

孩子，几乎所有的飓风都在温暖的热带海洋上空形成。

我听说飓风很危险。

所以弗瑞丝小姐正在带我们去找一个。

她会的！

为什么飓风也有名字
——卡门

经常，会有不止一种的飓风一起来临。如果它们有名字，我们就容易分清它们。

几种有名的飓风：
· 艾格尼丝　　· 安德鲁
· 鲍勃　　　　· 埃琳娜
· 吉尔伯特　　· 格洛尼亚
· 雨果

喂，鲍勃

格洛尼亚，出什么事了？

飓风从哪里开始？
——蒂姆

在赤道附近的热带水域

北美洲　　欧洲　　亚洲

非洲　　赤道

南美洲　　大洋洲

§ 飓风
← 飓风路线

什么时候是飓风季节

——雷切尔

大多数飓风都出现在夏末秋初。这正是热带海洋最热的季节。

海洋越热，飓风就很可能变得越强烈。

"同学们，记住，当热空气从海平面升起时，水蒸气就会浓缩形成云。"弗瑞丝说。

下面，越来越多的热空气从四面八方涌来形成上升气流。

在上升气流中间，一股下降的气流也形成了，我们开始随着它下降。

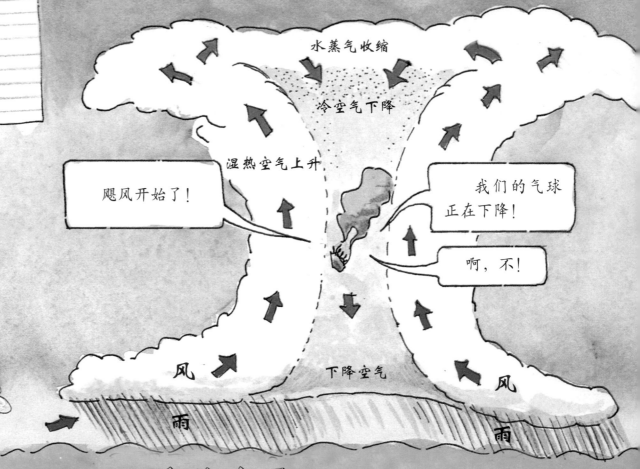

温暖的海平面

"啊！天啊，"弗瑞丝小姐说，"这气球一定有了一个洞。"

热空气向外跑，气球正快速地垂直向下掉。

"跳出去，同学们！"弗瑞丝小姐喊道。

她跳到外面，我们也跟着她跳。

就在这时，我们意识到我们犯了一个大错。

所有热带风暴都会变成飓风吗
——阿曼达

不。世界上每年有超过100次热带风暴。其中大约有60次会成为飓风。

而这里面又只有极少数能到达人们居住的地方。

赶快跳，阿诺德！

我不能看！

跟着我，孩子们！

什么使得飓风团团转
——阿历克斯

风开始是朝一个方向吹。但由于地球绕着它的轴在转动，就使风打起转来。

风吹得越快，它们的圈就弯得越厉害。

飓风的速度非常快，它们转啊转，转成一个圆圈。

风吹得云形成了一个圆圈。

"风暴正在形成热带飓风的典型形状。它很奇妙，对吗，孩子们？"弗瑞丝小姐大声问。

闪电
　　　　　　——拉尔夫

　　云层间、云地间或云和空气间的电位差增大到一定程度时所发生的猛烈放电现象，就是闪电。

闪电是热的
　　　　　　——凯莎

　　一次闪电的温度可高达 28000℃，比太阳表面热 5 倍！

在我们身边的云里，巨大的闪电不停地闪光。
我们都以为我们完蛋了。
但这时，我们又看见了校车。
它变成了一个气象飞机——探测飓风的那种飞机。
我们钻进一个救援通道，掉进飞机里面……那其实是汽车……呃，我们认为是飞机。

在一个风暴中，一次闪电所产生的电比一座大城市一星期用的电还多！

那是我们的车！

它看起来不一样了！

赶快走吧！

回来！

在我们的周围是一个叫做热气塔或烟囱的空气柱。它们从海洋里吸上来大量的湿热空气，其中的热量使风暴变得更强大。

飞机摇晃着，我们也跟着摇晃！

陆地

阿诺德

风眼壁

风眼

我们在飓风中的位置

突然，一切都安静下来。

"同学们，我们已经进入飓风的中心——风眼！"弗瑞丝小姐宣布。

海面波涛汹涌，外面依然狂风怒吼。

可风眼里却只有丝丝微风，在我们头上，天空一片湛蓝，阳光依然明媚。

我们放松了，快活起来。

和平而又安宁！

微风吹拂！

我们又飞了大约50千米，穿过了风眼。弗瑞丝小姐又叫了起来："我们现在马上要进入另一边的风眼壁。"

"别去！"我们惊叫起来。

但是，飞机已经出发了——回到飓风那可怕的风雨之中。

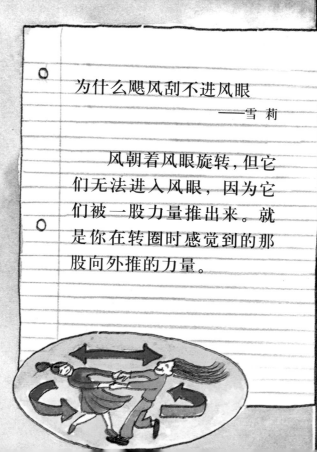

为什么飓风刮不进风眼
——雪 莉

风朝着风眼旋转，但它们无法进入风眼，因为它们被一股力量推出来。就是你在转圈时感觉到的那股向外推的力量。

飓风怎样移动

——汪达

开始时，飓风通常移动很慢——大概16~33千米/小时。随着风暴向北方移动，它的速度就会达到100千米/小时！

飓风每一天可以移动几百千米。

飓风哪一部分刮得最猛

——佛罗莉

飓风的右前端最猛烈，因为旋风是朝着海岸方向转圈的。因此旋风会变得更猛烈并使风暴快速向前移动。

飓风都是越过海洋向陆地移动的。

我们也跟着它一起走！

"飓风正前方，你们正好瞧见的陆地上，有最强的风、最猛的雨和最高的海浪。"弗瑞丝小姐喊道。当然，她直接就朝那里飞了过去。

飓风就像地板上旋转的陀螺一样移动。

它有两条移动路线——

旋转……

和向前。

大多数的损害将发生在这里

陆地

风眼

风暴的右前方

右后方

风暴的左前方

风暴向前运动

左后方

飓风……现在和以后
——拉尔夫

在过去，几乎没什么财产损失。现在，海岸地区建了不少房子。这样，飓风来时就会毁坏许多的建筑物。

但是在今天，死亡的人却没过去多。在过去，很多人因为没法知道飓风什么时候会来，所以来不及逃命。

今天，天气预报会告诉人们提前做好准备。

当飓风登陆时，它把树连根拔起，掀翻屋顶。它还吹起涛天巨浪，向岸上打去。

海洋会比平时高出三米多，在它的高处全是巨浪。

当我们看到风暴巨浪横扫过下面的整个海岸，我们都吓得直打抖。

同学们，在1900年，当风暴引起的巨浪横扫过德克萨斯的加尔维斯通岛时，有六万多人被淹死了。

那已经是很久以前的事了。

现在不会再发生了。

沙袋

用木板钉住，窗户

撤离

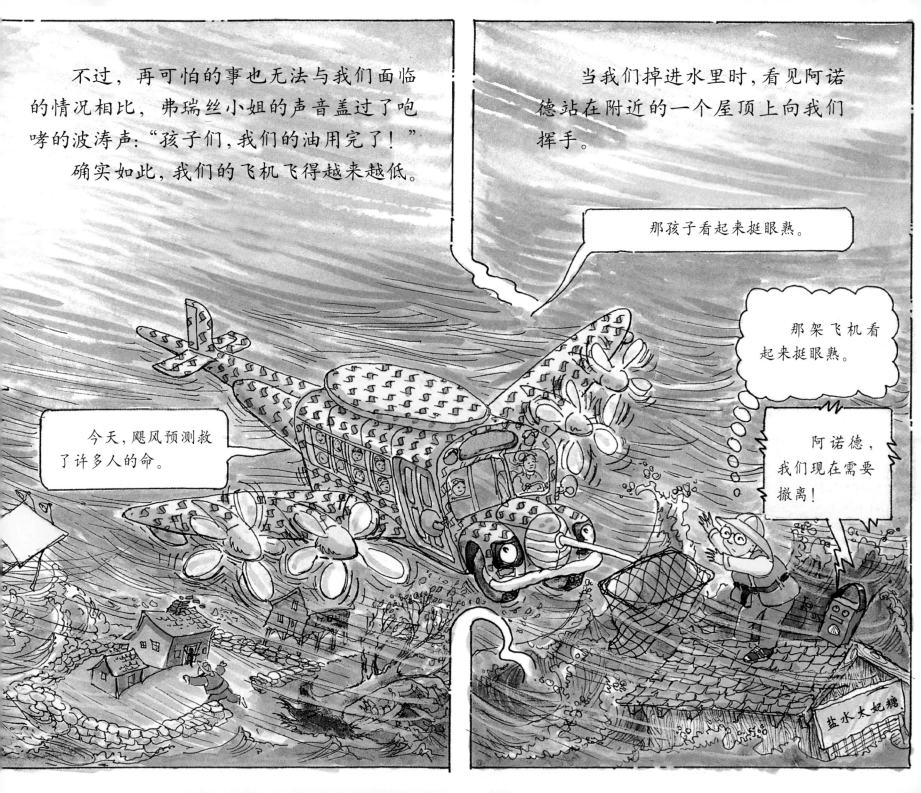

什么是龙卷风
——阿诺德

龙卷风是扭曲的漏斗形的旋风，它从雷雨云上悬挂下来。

15000 米高

庞大的雷雨云

在我们被飓风刮起的波浪冲走前，阿诺德不知想了什么办法登上了飞机。

水漫进窗户。

飞机正在下沉！

这时，我们看见一个黑黑的、漏斗形的东西出现在我们面前。

我们掉进了海里……

我们飞进风眼里……

一艘渔船把我们救起来……

风眼壁里太糟了……

我想我们完了！

我想我们完了！

我们完了！

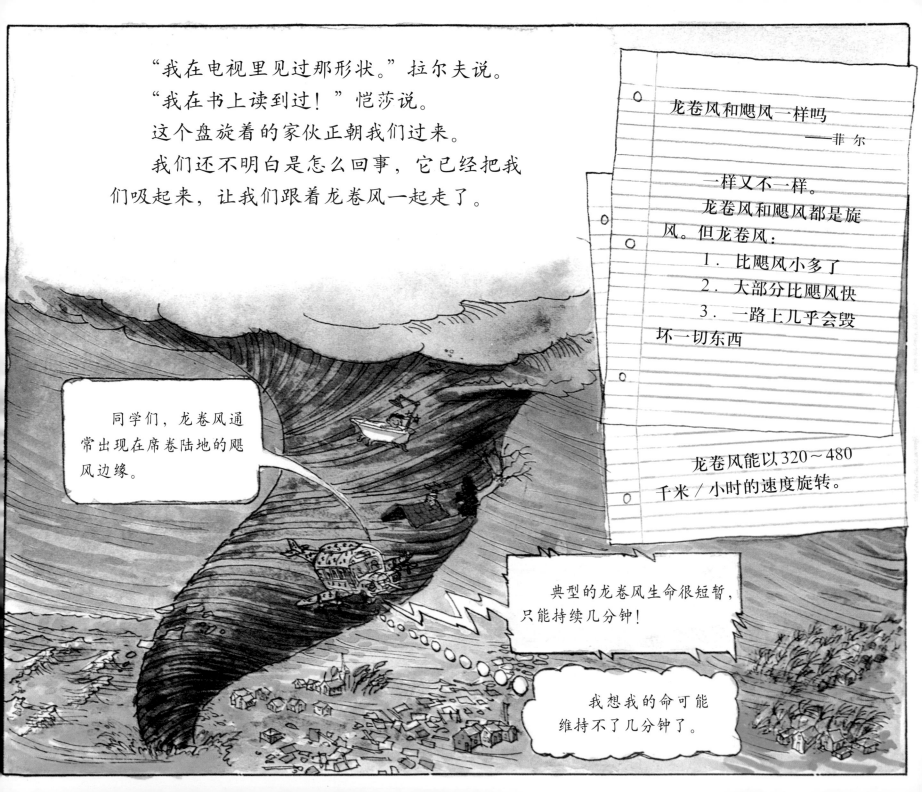

龙卷风真的能卷走东西？
——凯 莎

是！龙卷风像巨大的吸尘器。它们吸走物品，也能吸走大东西，如房子、汽车、树和火车！

有一次，龙卷风把一箱鸡蛋卷到几里路外又扔下，居然一个也没摔坏！

不一会儿，我们感到颠簸了一下。我们往周围一看，龙卷风已经把我们轻轻放下了。

我们又在我们的旧校车里。

我们又穿上了我们平常穿的衣服。

飓风已经结束了。

我们停在一个加油站。

弗瑞丝小姐加满汽油，然后上路，就好像什么也没发生过。

"同学们，像我先前说的，我们正在去参观气象站的路上。"弗瑞丝小姐说。

如果卷走我们的试卷，那可就太好了。

这个收音机居然还能正常工作。

这是专门给你的，阿诺德——最新天气……

那倒要看什么是你所说的"正常工作"了。

我们终于回到了学校，完成了
我们的气象课程。

将来飓风会更多，更多
　　　　　　——阿曼达

　　在地球变暖时，可能会
有更多的飓风。
　　许多科学家认为地球温
度正在升高。如果这是真的，
将来就会有更多的飓风。

飓风干的三件坏事
　　　　　　——约翰

① 伤人
② 损害财产
③ 造成水灾

飓风干的三件好事
　　　　　　——格雷戈里

① 吸走热空气来平
　衡地球温度
② 给干旱地区
　送去雨水
③ 通过降雨清洁空气

环球变暖意味着
会有更多的飓风……

……和更
猛的飓风。

风向标

纸
麦杆
钢笔帽
北 西 东 南
——蒂姆　　钉子

雨水测量

把大口烧
杯放到雨中。
看看杯中
的雨水有几厘
米？
——阿曼达

用瓶子制造旋涡
——弗瑞丝小姐

① 在瓶子里装上大半瓶水。
② 拿起瓶子。
③ 用一只手堵住瓶口，将瓶子
　倒过来。
④ 快速转动瓶子。
⑤ 停止转动。把堵住瓶口的手
　拿开。
⑥ 当瓶里的水流出来时，看瓶
　里出现的旋涡。

我想发现更多……

在飓风、龙卷
风和雷暴时怎样才
安全？
——汪达

雪花是怎样形成的？
——拉尔夫

什么是雾？
——阿诺德

窗户上的霜
是怎么形成的？
——雷切尔

现在播送音乐……

什么？不再播天气了？

酷！

太好了！

这次旅行后，我们需要放松一下了。
弗瑞丝小姐说我们将举办一个晚会。
我们做游戏，疯狂地跳舞，拼命吃美味食品。
好一阵子，我们都不去想弗瑞丝小姐的下一次活动课！

神奇校车的邮件袋

信……我们得到的信……

致《神奇校车》的编辑：

你不要再说一辆校车会变成一个热气球或一架气象飞机了，那是绝不可能发生的。

你的朋友
萨姆

异国的

来自阳光灿烂的问候

EAST ORANGE, N.J.

亲爱的乔安娜：

收音机不可能与人交谈。

学子公司的作者
乔安娜·柯尔 收

芭芭拉

亲爱的乔安娜和布鲁斯：

有关飓风的本书是很有趣的，但有一点就是很不好玩了。

因为我就在发德鲁飓风区，它是多么可怕啊！

凯西

亲爱的布鲁斯：

收音机不会跳舞。

学子公司的画家
布鲁斯·迪根 收

琼

亲爱的阿诺德：

在你们的旅行中，飓风登陆了。但大多数的飓风去了远离陆地的海洋深处，不会损害人和财产的。

你的朋友
阿尔 气象学家

如果遭遇到非常强烈的飓风，渔船是不可能幸存下来的。

海岸警卫队

亲爱的布鲁斯：
　　如果阿诺德真的从很高的地方掉进海洋，他就必须接受治疗！

你的医生

亲爱的乔安娜：
　　在弗瑞丝小姐的活动课中发生的事，对孩子们实在太危险了。
　　下次请让孩子们留在家里。

你的妈妈

康涅狄格的冬天

亲爱的弗瑞丝小姐：
　　我们认为全班同学都最好转到菲比以前读的学校去。

——一群"安全胜过遗憾"的学校的学生

致所有的读者：
　　发生在本书中的有些事情是虚假的。可所有的科学知识当然都是真的！

乔安娜和布鲁斯

MOONLIGHT IN BURBANK

MSB

作者和画家衷心感谢国家飓风中心主任罗伯特·C·谢茨博士，还有特拉华州气候学家、特拉华大学的丹尼尔·莱热斯博士，感谢他们为本书的准备提供了资料。

献给菲比·叶和那些快乐的日子。

她是《神奇校车》的编辑，我们愿以这样的方式感谢她。

——乔安娜·柯尔和布鲁斯·迪根

神奇校车

爱校车，爱科学，我们又出发啦！

第二辑简介

神奇校车：把热留住

　　啊呃！阿诺德的热可可已经凉了。热跑到哪里去了？我们的弗瑞丝小姐肯定有办法！这回，我们和弗瑞丝小姐一起去北极圈，大家不仅知道了怎样让自己暖和起来，还学会了如何把身上的热留住。我们可爱的蜥蜴——里兹，又将如何在北极生存呢？

神奇校车：愉快飞行

　　怎么样才能飞起来呢？弗瑞丝小姐和班上的同学一起缩小到模型飞机里，他们找到了问题的答案。大家在一只老鹰的启发下，学习了怎样把飞机升上天，怎样在天上一直飞行，怎样驾驶飞机向左、向右转弯。胆小的阿诺德这次竟成了英雄！快来吧，飞翔的感觉真的很棒！

神奇校车：有趣的食物链

　　今天是海滩日，全班同学都兴高采烈——除了阿诺德和凯莎。他俩忘了做关于海边生物的报告。他们只带了金枪鱼三明治和一些臭的池塘绿藻。这两样东西与海滩日有关联吗？"学习的最好方法就是身临其境。"弗瑞丝小姐对大家宣布。一秒钟后，神奇校车冲入海中！

神奇校车：光与植物

　　什么地方搞错了？为了寻找答案，弗瑞丝小姐把菲比变成一株豆类植物。班上其他同学被缩小，钻进旁边的一棵植物里，去瞧瞧植物究竟吃些什么才能长大。来！让我们坐着神奇校车去进行一次奇妙的旅行，看看植物体内那间奇妙的食物加工厂，去解开"光合作用"的秘密！

神奇校车：腐烂小分队

　　今天是"奇特科学项目"日。同学们要从自家的冰箱里找出一种霉变得很厉害的东西，带到学校。大家在做这件事情的时候，觉得很恶心。可当神奇校车开进腐朽的木头里时，大家发现，看似死的东西其实都是活的，而且还很奇妙呢！快来加入我们的"腐烂"冒险吧！

神奇校车：光的魔法

　　全班同学去看"发光表演"，可表演刚结束，阿诺德和他的表妹珍妮就失踪了！这时，整个戏院也都停电了。难道这家戏院闹鬼吗？紧接着，大家看见舞台上的鬼影子，竟然像极了阿诺德！凯莎知道那肯定是场恶作剧，但究竟是怎么变出来的呢？幸好，弗瑞丝小姐开着神奇校车过来了……

第三辑简介

神奇校车：拜访企鹅

这次，全班同学跟随弗瑞丝小姐去了南极洲——地球的最南端。南极洲的动物可有趣了，人见人爱的企鹅就生长在南极，那里还有冰山、冰棚。啊，对了！这回阿诺德还被一只企鹅妈妈指派了特别任务！快来瞧瞧！

神奇校车：走进微生物

一说起"细菌"，总让人觉得脏兮兮的，但它可是微生物大家族的一员呢。这个家族大极了，而且无处不在！你想知道细菌是怎么传播的吗？你想知道发烧是怎么回事吗？来和我们一起变成小小微生物吧！

神奇校车：穿越雷电

天气是我们日常生活中特别重要的一部分。可你知道雨是如何产生的吗？你知道雷电是怎么形成的吗？你认识各种各样的云朵吗？有关气象的知识真是丰富多彩！这次和大家一起历险的还有气象星先生，他可有趣了！快跟我们一起去穿越雷电吧！

神奇校车：怒海赏鲸

听说鲸是世界上最大的哺乳动物，我从没想到有一天能那么近地看见它。人们常说的"鲸鱼"到底是不是鱼呢？你认识它们的喷雾吗？唔，还有很多有趣的知识。快跟我们坐着神奇校车去赏鲸吧！

神奇校车：跟踪昆虫

大家好，我是汪达。我有两只可爱的瓢虫宝宝。有一天，我的两个宝贝失踪了，这可把我急坏了。不过全班同学在寻找它们的过程中，也对昆虫大家庭有了更多的了解。快和我们一起坐着神奇校车去丛林中探险吧！

神奇校车：巡航北极

你听说过北极吧？那里有温顺的北美驯鹿，勇猛的麝香牛，有趣的海豹，奇怪的旅鼠，最重要的是，大大的北极熊就生长在那里。这次带我们踏上旅程的可不是普通人物，怎么回事呢？快跟我来！

神奇校车：逃离巨鲨

想不到吧，我们竟然亲眼见过鲨鱼了！我们看见了很多种鲨鱼；见识了它们的超级感官能力；了解了各种鲨鱼的牙齿……这可不是一般的历险，因为阿诺德成了大家心目中的英雄，快跟我一起出游吧！

神奇校车：探寻蝙蝠

蝙蝠是人类研究已久的动物，有关它们的事情和趣闻可真不少。你想了解它们吃什么吗？你想知道它们住在哪里吗？你听说过回声定位吗？还有很多很多知识，让我慢慢讲给你听。

作者介绍

乔安娜·柯尔 (Joanna Cole) 做过教师和儿童读物编辑，现在专事写作。

布鲁斯·迪根 (Bruce Degen) 热爱大自然，已经为孩子们画了几十本图书。

他们创作的《神奇校车》系列丛书，表达了自己对科学的热爱。这套科普故事书，以新颖活泼、好玩易懂的形式，带领孩子们进入浩瀚的科学领域，畅游在地球科学、生物科学、太空科学、气象学、古生物学等学科中。

1991年，《神奇校车》获得了《华盛顿邮报》非小说类儿童读物奖。

网络留言

阿明现在对看书的兴趣越来越大，做妈妈的又有了新烦恼：

他不懂得控制自己，总是要把所有喜爱的书全部看一遍这天才算过得愉快。

他的最爱又很多，全部看一遍会很累的，累了就会大哭大闹，不好转移视线。

最近迷上了《神奇校车》，爱不释手。但上面的内容太丰富、知识点过多，我怕他累着。

——阿明妈妈

《神奇校车》，我已经买了很久了，不过还没有给丁丁看过。一半是觉得里面的内容适合3岁以上的孩子看，另一半是同情我自己，怕丁丁迷上以后，我就闲不了了。呵呵……

很多朋友近期都在和我抱怨，她们的孩子看到校车后，就迷上了，然后每天都要抱着书让妈妈讲。这套书的特点，就是画面似乎有些凌乱，家长看着眼花缭乱，孩子却乐此不疲哦。我打算让丁丁3岁以后再看这套书呢，所以给孩子讲，经验就不足啦。呵呵……

——丁丁爸爸

就故事而言，这本书就已经非常精彩，难怪很小的孩子都会喜爱。再加上图画古怪而夸张的风格，在细节处，特别是与弗瑞丝小姐的衣着相关的细节处，那种随意变化、漫无边际的幽默趣味，使这套书成为对孩子极具魅力的读物。

适合3岁以上亲子共读，也适合有独立阅读能力的少年读者自由阅读。

——小鼹鼠

连我都喜欢上了，何况小朋友！只是，我被彬彬缠得没有办法看完一本书，他要求我把所有的书都摆在他身边，一本接着一本讲！讲得我呀，昏天黑地，口干舌燥。真想把这东东藏到他找不到的地方。

——彬彬妈妈

终于看到有MM说的这套书了。

这是一套美国著名的科普画书，由乔安娜撰文，布鲁斯绘图。这套书目前引进了10册，包括《在人体中游览》《地球内部探秘》《探访感觉器官》《奇妙的蜂巢》等等。

适合年龄：3—14岁

红泥巴评价：叙事能力10分 画面和谐7分 风格特征10分

说明：非虚构类的图画书要想做到特别好玩不容易，《神奇校车》居然能做到。作为科普读物，《神奇校车》公认是一套内容相当严谨的书，但并不妨碍它同时也是好玩甚至搞笑的图画书。

——寻梦园